www.ingramcontent.com/pod-product-compliance
Lightning Source LLC
Chambersburg PA
CBHW050032260726
48658CB00005B/1565

* 9 7 8 1 7 2 4 7 9 7 6 9 8 *